살아있는 불

박효석 35시집

살아있는 불

신아출판사

시인의 말

　35시집을 출간하면서 또 다시 새 봄을 맞이할 수 있게 해주신 하나님께 깊은 감사를 드립니다.
　날이 갈수록 깊어져가는 병환 속에서 문득문득 살아있는 불을 생각합니다.
　치유될 수 없는 난치성 중증질환으로 병과 사투하다시피 살고 있는 가운데서도 내면 깊숙이 살아있는 불에 거듭거듭 감사드리면서 하루하루 불씨가 꺼지지 않도록 불씨를 지피다보니 35시집이 봄을 맞이할 수 있게 되지 않았나 생각합니다.
　앞으로 얼마나 더 새봄을 맞이할 수 있게 되는지는 알 수 없지만 녹슬어가는 쇠의 몸속 같기만 한 내 몸을 항상 곁에서 창작의 불이 활활 타오를 수 있도록 일편단심 지극정성으로 보살펴주고 있는 아내가 있기에 앞으로도 더 많은 새봄을 맞이할 수 있게 되지 않을까 기대하게 됩니다.

2025년 새봄을 맞이하여
박효석

차례

시인의 말 • 5

1부

12 · 달은 채식주의자인가 봐
13 · 꽃밝은 사랑으로
14 · 안개꽃이 받쳐준 그녀의 사랑
15 · 마음속의 아내의 문
16 · 누이의 귀향
17 · 새벽 산책길
18 · 화창하기 그지없는 날
19 · 음복
20 · 봄비 내리는 거리를 걸으면
21 · 4월이 오면
22 · 벚꽃들의 수다
23 · 벚꽃축제가 열릴 때면
24 · 팬지꽃과 춘분
25 · 따뜻한 봄날
26 · 연속극 첫 회

2부

살아있는 불 · 28

떨이 · 30

하늘집 · 31

재래시장의 하루 · 32

잠자리를 깔 때면 · 33

동전을 꺼내 볼 때면 · 34

4월 혁명의 영령들이여 · 36

불면의 밤 · 37

권력자의 수족手足들 · 38

싱그럽다 · 40

민들레꽃과 삭개오 · 41

호수의 눈망울 · 42

보름달을 바라보며 · 43

흙의 맛 · 44

사모곡 · 46

3부

50 · 사랑의 비망록

51 · 흰 국화꽃이 슬프도록 향기로운 것은

52 · 귀가 가려울 때면

54 · 거리 두기

56 · 폐가

57 · 유년시절과 진달래꽃

58 · 혁명의 심장

59 · 오월의 어느 날

60 · 천상의 꽃

62 · 아버지의 마음

63 · 사랑이라는 이름으로

64 · 수평선을 바라볼 때면

65 · 깃발들이 미동을 않고 있는 날

66 · 사랑의 향기

68 · 세월

4부

70 · 불굴의 미얀마 국민들이여

71 · 달의 집으로 가는 길

72 · 연꽃에 불을 밝히고 있는 석가

73 · 동백나무와 사랑초

74 · 비가 오는 밤이면

75 · 얄궂은 비

76 · 월력月曆을 떼어내며

78 · 눈물의 가뭄

80 · 무릉도원을 꿈꾸는 하늘

82 · 사랑꽃

83 · 사랑의 우산

84 · 바다의 생각

85 · 그대가 떠나간 후

86 · 시의 그물을 던져라

88 · 은빛날개

5부

90 · 사라진 내일

92 · 넝쿨장미꽃 울타리

93 · 푸른 풀밭을 볼 때마다

94 · 초원을 바라보며

96 · 한여름 밤

97 · 철에 맞게 사는 나무들같이

98 · 재고在庫의 시詩들

100 · 여름이 오면

101 · 꽃나무처럼

102 · 카리브해 1

103 · 카리브해 2

104 · 임대계약서

106 · 아내와의 달달한 사랑으로

108 · 무릇

1부

달은 채식주의자인가 봐

달은 채식주의자인가 봐
정월대보름날만 되면
온갖 나물들을 먹게 하는 걸 보면

정월대보름달은
나물을 많이 먹어서
순둥이처럼 얼굴이 해밝은가 봐

세상 구석구석 어둔 구석까지
해밝게 비쳐주는 걸 보면

꽃밝은 사랑으로

맑은 호수처럼 해맑고
눈부신 태양처럼 해밝으면서
초롱초롱 빛나는 별밝은
당신은

비가 오나 눈이 오나 바람이 부나
평생을 한결같이
아름다운 꽃과 같은 꽃밝은 사랑으로

내 마음을 맑은 호수처럼 해맑게 하고
내 마음을 눈부신 태양처럼 해밝게 하면서
내 마음을 초롱초롱 빛나는 별처럼
별밝게 해 준 당신이기에

당신을 생각할 때마다
아름다운 꽃들이 꽃밝게
향기 가득
진동하고 있는 내 마음

안개꽃이 받쳐준 그녀의 사랑

해돋이의 눈부신 햇살이
물안개 피어오르는 호수 위로 비치듯이
안개꽃으로 만발한 그녀의 사랑이
내 마음에 해돋이로 떠오를 때면

그녀의 사랑처럼 활짝 핀
눈부신 해돋이 같은
노란 프리지어 한 다발
내 가슴에 안겨 향기로워라

마음속의 아내의 문

아내의 마음속에 들어가려 문을 열고 들어가면
또 그 안에 문이 있고
또 그 문을 열고 들어가면 또 그 안에 열고 들어가야 할 문이 또 있어
언제 아내의 마음속에 온전히 들어갈 수 있을는지는
전혀 예측할 수가 없지요

아내의 사랑은 끝도 없이 한량없어서
반세기를 지지고 볶고 살았는데도
그 끝을 알 수 없는 걸 보면
설령 동방삭이처럼 삼천갑자를 산다 해도
언제 아내의 마음속에 온전히 들어갈 수 있을는지는
눈곱만치도 짐작할 수가 없지요

누이의 귀향

삼월 삼짇날,
강남 갔던 제비들이 다시 돌아오듯이
삼월 삼짇날 태어나
짧은 生을 살다 간 누이도
혹시나 제비들처럼 다시 돌아오지 않을까 기다려지는
삼월 삼짇날이 오면

처마 밑에 제비집을 짓고 간 제비들이
다시 돌아오길 손꼽아 기다렸듯이
그리움의 집을 내 마음에 짓고 간 누이도
혹시 돌아오지 않을까
간절함이 겹겹이 그리움을 에워 쌓고 있는데

마치 꿈에 그리던 고향집에 귀향이나 한 듯이
제비들은 신명난 듯 봄을 입에 물고
들락날락거리고 있는데 반해
삼월 삼짇날이 돌아와도
전혀 돌아올 기미가 보이지 않는 누이의 귀향

새벽 산책길

새벽,
푸른 깃을 활짝 편
풀잎에 맺힌 맑은 이슬을 볼 때면
그녀의 눈망울이 떠올라
산책을 하는 내내
이슬과 대화를 나눈다

어젯밤은 길몽을 꿈꾸었는지?
하고 물으면
부드러운 눈길로
푸른 풀잎들을 스치듯이 불고 있는 상쾌한 바람따라
순도 100%의 투명한 햇살이
이슬의 속살까지 맑게 비추고 있는 것을 보면서
산책을 하는 내내
그녀의 맑기 그지없는 눈망울 같은
이슬과 대화를 나누다보면
내 마음 안에서 또르르 흐르고 있는
그녀의 맑은 눈망울

화창하기 그지없는 날

까치들이 미루나무 꼭대기의 까치집을 드나들 때마다
미루나무들이 짙푸른 잎을
찰랑찰랑 흔들어주고 있듯이

구름집을 지은 구름들이
새하얀 이를 드러내고
까치집 위의 청명하기 그지없는 창공에서
해맑게 웃고 있는 날이면

불순물 하나 섞이지 않은 금사金絲로
물레를 돌리고 있는 태양

음복

오랜 가뭄으로
온몸이 쫙쫙 갈라진 땅이
간만에 생명수처럼 내리고 있는 비를
몸속 깊이 음복하면

땅속에 뿌리를 박고 있던 나무들을 비롯한
채소와 곡식과 식물들도
땅을 따라 음복하며
죽어가고 있던 신경들을 되살리고 있고

밑바닥까지 메말랐던 강이나 호수들도
생명수를 음복하며
성대 결절을 치료한 맑은 노래로
가득 채워가고 있는데

하루 종일 내리는 비를 음복하시며
단비에 흠뻑 취하셨는지
싱글벙글 웃음이 떠날 줄을 모르셨던
천생이 농사꾼이셨던 아버지

봄비 내리는 거리를 걸으면

봄비 내리는 거리를 걸으면
내 몸에서도 봄꽃들이 움을 틔우는 것 같다

겨우내 닫혀있었던
마음의 숨구멍을 활짝 열고
산수유꽃, 개나리꽃, 진달래꽃, 매화꽃, 벚꽃, 목련꽃 등
봄꽃나무 곁을 거닐면
내 몸에서도 곁에 있는 봄꽃나무와 같은
꽃을 피우려는지
곁에 있는 봄꽃 나무와 같은 향내가
온몸에서 스며 나오는 것만 같아
아내에게 봄꽃 향내를 한 아름 안겨줄
꽃다발을 만들어가며
마음이 젖도록 봄비 내리는 거리를 걷다 보면
내 마음도 봄꽃으로 활짝 피어난다

4월이 오면

4월이 오면
아무 꽃이든
꽃으로 피고 싶다

백두에서 한라까지
함성을 지르고 있는 꽃들 속에 끼어
나도 꽃으로 피고 싶다

마치 혁명을 일으키듯이
후미진 곳이든,
버려진 땅이든,
어디든 가리지 않고 꽃향을 한 향 남김없이 함성을 지르고는
어디서든 산화하듯 흩날리며
거리거리를 꽃잎으로 덮고 있는 4월의 꽃들처럼

4월이 오면
나도 꽃들 속에 끼어
함성을 지르며 산화하고 싶다

벚꽃들의 수다

춘분이 되자
코로나가 일 년이 넘도록
전 세계 인류를 재앙에 빠뜨리고 있는 위력의 와중에서도
멀리 제주도에서부터 들려오는
벚꽃들의 수다 떠는 소리가
부산과 창원을 거쳐
곧 이곳 수원까지 들려올 것이라는
풍문이 도는 걸 보면

전국을 강타하고 있는 벚꽃들의 수다는
조금도 위축되지 않고
오히려 활력이 더 눈부실 것 같아

아파트 단지의 벚꽃나무들이
입이 근질근질해 못 견디겠다는 듯이
입을 실룩실룩 거릴 때면
나도 함께 떨 수다를 준비하기 위해
마음에 봄 꽃봉오릴 맺혀보고 있는
춘분

벚꽃축제가 열릴 때면

벚꽃축제가 열릴 때면
나비 떼들 눈부시게 나래치 듯이
나비 떼를 쫓아가며
벚꽃들의 눈부신 수다에 빠져든 사람들이
나비 떼들 눈부시게 나래치 듯
마음을 흩날리고 있는 벚꽃축제

팬지꽃과 춘분

겨울 내내 비어있던 빈 화분이나 빈 화단에
춘분을 모종하면
봄바람의 숨결 따라
팬지꽃들이 하늘하늘 날갯짓하고 있는데

팬지꽃 따라
나비의 숨결로
하늘하늘 숨 쉬고 있는 춘분

따뜻한 봄날

나의 깊은 사랑을
민들레 홀씨처럼 날려 보내며
그대 마음 밭에 날아가 앉아 싹트길
소원하는 봄날

따사롭고 은혜롭기 그지없는 봄볕처럼
그대를 향한 나의 사랑도 화창하여
만개한 벚꽃들의 향이
소프라노의 맑은 고음처럼
마치 그대가 화답하여 사랑의 아리아를 불러주듯
세상천지 가득하여라

연속극 첫 회

화창한 벚꽃들이
수원 KBS 드라마센터에서 멜로드라마를 찍고 있는
여배우의 화색만큼
뒤덮고 있는 드라마센터 뒷동산을 바라보니
하나님이 감독을 맡고 신부님이 연출을 맡았던
설렘으로 가슴 벅차 올랐던
아내와의 연속극 첫 회가 떠올라

잊으래야 잊을 수 없는 감동적인 연속극을 다시 감상하듯이
벚꽃에서 눈을 떼지 못하고 있는데

엄동설한 같은 내 마음을
따뜻하게 녹여주었던
그 때의 아내의 사금 같았던 햇살이
만개한 벚꽃처럼 눈부시게 빛나고 있는
수원 KBS 드라마센터

2부

살아있는 불

쇠의 몸속에는
불이 살아있나보다

용광로에서 몸을 녹일 대로 녹여 불이 된 쇠들이
이 세상에 나올 때는
불하고는 상극관계에 있는 것처럼
차디차기 이를 데 없이 시치밀 뚝 떼고 있다가도
용접해야 하거나
쓰임에 맞게 농기구나 요리 칼로 바뀌어야할 때면
다시 뜨거운 불이 되어 활활 불꽃을 피우고 있는
쇠들을 보면서
그럴 때면 겉으로 보기에는 차갑기 이를 데 없지만
가족을 위해 뜨거운 열정과 사랑이
항상 마음속에서 활활 타오르고 있었던
아버지의 모습이 떠올라
왠지 식어 있을 것 같은 내 마음속의 사랑과 열정도
쇠들처럼 몸속의 불이 살아있는 불로

활활 타오를 수 있을 때까지
사랑의 용광로에 집어넣어
뜨겁게 달군다

떨이

하루해가 저물 무렵이면
팔다 남은 떨이 상품들을 사기 위해
인산인해를 이루고 있는 재래시장에 반해

당신은 이제 아무짝에도 쓸모없으니
나가든지 말든지 마음대로 하라며
집이 떠내려갈 듯이 악을 쓰며 떨이하기 바빴던
어젯밤 이웃집엔
구경하러 오는 사람 한 사람도 없는 걸 보니
사람은 떨이로도 처분할 수 없는
슬픈 존재인 것만 같아
나의 유효기간을 따져보며 떨이 장을 보다보니
하루해를 누가 떨이로 사갔는지
어느 새 어둠이 짙게 깔리고 있는 재래시장

하늘집

까치들이 미루나무 꼭대기에
집을 짓고 있는 것을 볼 때면
하늘에 집을 짓고 있는
나의 하늘집이 떠올라
날이면 날마다 나뭇가지를 물어다
집을 짓고 있는 까치집을 보면서
아무도 눈치 채지 못하게 날마다 짓고 있는
나의 하늘집은 언제쯤이면 완공될 수 있을지
알 수 없는 나의 하늘집을
감독관인 하나님의 의중을 조심스레 살펴보듯
하늘을 바라보면
점점 그 집으로 이사할 날이 가까워지는 것 같은
나의 하늘집

재래시장의 하루

재래시장이 파장할 때쯤이면
팔다 남은 물건들을 떨이하느라
손님들을 끌기위한 목청들이
시장 안을 울린다

덤도 듬뿍 얹어줄 뿐 아니라
가격도 대폭 깎아주는
유효기간이 임박한 떨이물건들을
헐값으로 장바구니에 가득 담았다는
서민들의 만족감과
재고를 남김없이 다 팔았다는
상인들의 홀가분한 표정이
어우러지고 있는 재래시장의 하루가
못내 아쉬운지

막걸리 대폿집에서
종일토록 컬컬했던 생계의 목을
서로 마음을 부딪쳐가며 축축이 적시고 있는
재래시장의 하루

잠자리를 깔 때면

밤마다 잠자리를 깔 때면
오늘 밤도 자다 깨기를 반복하지 않을는지
마음이 어두워진다

낮에는 땀 흘려 일하고
밤에는 잠을 자야 하는 이 세상의 삶도
이제 얼마 남지 않은 것 같은데
잠자리를 깔 때마다
불면에 시달릴 생각을 하게 될 때면
한 번도 깨지 않고
묘 자리에 누워 잠을 자고 계신 어머님이
자는 둥 마는 둥의 자다 깨기를
반복할 때마다 떠오른다

그럴 때면 아직은 곁에 올 때가 아니라며
손 사례를 치시는 어머니가 너무나도 보고파서
일어나 어두운 바깥세상을 바라보고 있노라면
어머니의 새벽 기도 소리가
영롱한 이슬 구르듯이
들려오고 있는 세상

동전을 꺼내 볼 때면

혹 가다 주머니에 있는 동전을 꺼내
발행연도를 볼 때면
기쁨으로 가슴이 설레었던 그 해가
그 때의 설렘으로 떠올려지기도 하고
죽고만 싶었던 그 해의 아픔이
선명하게 떠올려지다가도
세월의 부침이 보이지 않는
깨끗한 동전을 볼 때면
아내와 애지중지 사랑을 목숨처럼 보듬고 살았었던 세월들이
부침에 시달렸던 어둠의 세월들을
희망의 속살 같은 해돋이 빛으로 비춰주고 있는 것만 같아

동전을 꺼내 발행연도를 볼 때면
오래된 영상 필름을 재 상영하듯
지난날의 삶의 모습들을 되새겨보다가도
깊은 상념에 잠겨있는 듯한

오래된 동전들의 과거와
미련없이 작별하기로 마음먹는다

4월 혁명의 영령들이여

4월이 오면 온갖 꽃들이
세상을 꽃상여로 꾸민다

누굴 꽃상여에 태우고 가려는지
온갖 향기로운 꽃향으로
세상을 최상의 아름다운 꽃들로
꽃상여를 꾸미고 있는 것을 볼 때
꽃잎 흩날리듯 흩날려간
4월 혁명의 영령들을
꽃상여에 태우고 가려고 하는 것은
혹시 아닌지

꽃향의 절창에 맞춰
꽃잎 흩날리듯 꽃상여를 따라가는
4월 혁명의 영령들이여

불면의 밤

거실을 환히 밝히고 있던 불을
잠 잘 시간이 되어 소등을 하고 나면
거실은 어둠에 싸인 바깥세상을 인화印畫하는
암실이 된다

별 하나 보이지 않는 밤하늘로부터 시작해서
밤잠을 설치고 있는 듯한 가로등을 비롯하여
게슴츠레 눈을 감은 듯 만 듯한 빌딩들이
줄지어 서있는 밤거리만 인화印畫하다 보면
초점이 없는 어둠의 불면들만 밤새 인화印畫하다가
날이 새어버린 나와는 반대로
풀꽃들은 어둠 속에서도 밝아오는 새벽을 꿈꾸며
밤새도록 숨죽여 피고 있었는데도
왜 나는 풀꽃들을 하나도 인화印畫하지 못하였는지

몇 걸음을 걸어가다 멈추기를 반복하며
풀꽃들을 현상하느라 발걸음을 떼지 못하고 있는
새벽 산책길

권력자의 수족手足들

권력자의 수족手足들이
맹목의 수족관에 갇혀서는
언제 목이 날아갈지
순서도 모르는 채 맹종하고 있는 것이
마치 수족관에 갇혀서는
수족관이 제 세상인양 유영하고 있는
장어나 쏘가리나 메기나 광어나 우럭이나 도미나 방어나
줄돔 같다는
생각이 들 때면
왜 자꾸만 날로 회를 떠서
잘근잘근 씹어 먹고 싶다는 생각이 드는 것인지

그들의 위선의 가시가 날카롭기 그지없거나
속까지 부패될 대로 부패되어
한 점 먹지도 못할 거라는 걸 알고 있으면서도
왜 그들을 생각할 때마다
토막토막 회를 치고 싶다는 생각을
버리지 못하고 있는 것인지

마치 수족관이 제 세상인양
활개치고 있는 생선들을 바라볼 때면
권력의 수족관에 갇혀 제 세상인양
활개치고 있는 권력자의 수족手足들을
떠오르게 하고 있는 횟집의 수족관들

싱그럽다

들쭉날쭉한 가지들을
단정하게 머리 깎은 가로수들이
봄비를 맞으면서
번뇌를 말끔히 털어버렸는지
봄바람이 불 때마다 살랑살랑
아기 속살 같은 연초록 푸른 잎들을
햇살 싱그럽게 반짝일 때면

세상을 향해 걸어가는 내 발걸음도
사뿐사뿐 봄바람처럼 가벼워져
내 마음 속에서도 연초록 푸른 잎들이
살랑살랑 싱그러워라

민들레꽃과 삭개오

가로수 밑동이나 보도블록 틈 사이를 비집고 핀
민들레꽃들을 볼 때면
예수님을 영접하기 위해 나무 위로 올라갔다가
예수님이 내려오라는 말씀에
밑으로 내려온
아주 키가 작았던 삭개오가 떠올라

민들레꽃들을 볼 때면
세상에서 무시당하고 있던 삭개오의 마음을
예수님이 향기로운 사랑의 꽃으로 피워주셨던
그때를 보고 있는 것만 같아

삭개오와 같은 마음으로
예수님의 사랑의 향기를 마시듯이
온몸 가득 들이마시고 있는
민들레꽃 향기

호수의 눈망울

청명한 하늘이 고요하리만치
맑은 날이면

심심하리만치 울창한 나무들의
푸른 속눈썹을
호수의 수면 위를 스치듯이 떨고 있는

호수의 눈망울

보름달을 바라보며

생전의 어머님이 바라보셨던 보름달을
내가 바라보고 있듯이
나의 사후에도 나의 아들딸들이
저 보름달을 바라보고 있는지는 알 수 없겠지만
아무래도 저 보름달은
전 세계 인류의 자손 대대의 내력을
다 꿰차고 있을 것만 같다는 생각이 들어
밤새 보름달을 바라보면서
지금까지 살아오는 동안에 있었던
이지러졌던 세월들을 하나하나 환하게 활짝 펼치다보니
내가 살아온 세월들을 환하게 비춰주며
휘영청 내 마음 속에서 환한 얼굴로 떠오르고 있는
보름달

흙의 맛

흙의 맛이 어떤 맛인지
땅속에서 흙을 품고 자란
땅콩을 비롯하여 무, 도라지, 당근, 양파, 마늘 등의
작물들을 먹을 때는
흙의 맛이 고소하기도 하고 시원하기도 하고 맵기도 하다고 말하다가도
땅위에서 자란 각종의 채소들과 과일 등을 먹을 때면
달콤하기도 하고 청량함이 은은하다고 말하는 등의
흙의 맛을 어떤 맛이라고
한 마디로 정의내릴 수가 없었던 나에게
땅 속에서 컸거나 땅 위에서 자란 농작물 속에는
물 흐르는 소리, 바람 부는 소리, 새가 지저귀는 소리, 천둥 번개치는 소리,
햇살과 하늘과 땅이 조화를 이루는 천지가 들어있기에
흙의 맛은 정직한 자연의 맛이라며
평생동안 땅에 뿌리를 심으시고 살아오신 아버지께서
단호하게 말씀하시던 그 때의 모습이 떠올라

농작물을 먹을 때면
정직한 자연의 맛을 음미하기 위하여
그 속에 담긴 자연의 소리를 귀담아 듣는다

사모곡

당신은 무엇이 그리 급해
날 이 세상에 홀로 남겨 두고
홀연히 저 세상으로 떠나가셨나요

북망산천 가는 길이 그리도 급했던가요
거자필반去者必反이라 하던데
당신은 언제쯤 돌아오실건지요

함께 사는 동안 늘 찌들린 삶을 살게 해서
너무 너무 미안하다 하더니
하늘에다 좋은 터를 먼저 잡아놓으려고
그렇게 서둘러 가셨나요

이 세상에 홀로 남은 나는
살아도 사는 것이 아닌
외로움의 백치가 되어가고 있는 것만 같은데
이런 나를 당신은 언제쯤 데리러 오실 건지요

당신만 곁에 있어도
그것이 나에게는 최상의 천국이었던 것을
어찌 당신은 내 마음을 그렇게도 모르셨는지요

달 누리 밤이면
철썩철썩 파도치는 외로움을
견뎌내고 있는 무인도처럼
당신에 대한 그리움이 애간장을 끊는 듯한데
상사화가 피고 지기를 수도 없이 해가 지나도록
당신은 왜 날 데리러 오시지 않는 건지요

3부

사랑의 비망록

노년의 사랑을 물들이듯이
서녘 하늘을 곱게 물들이다가는
수평선 너머로 넘어가고 있는
지는 해를 바라보면서
사탕수수밭을 달콤하고 황홀하게 내려쬐던
금사金絲같은 사랑의 햇살이
청춘을 꿈꾸게 했던
젊은 시절을 떠올리는가 하면

세상천지의 온갖 꽃들을 찾아다니며
쉴 새 없이 따온
사랑의 꿀들을
배불리 먹고 있는 가족들의 모습을 흐뭇하게 바라보던
장년 시절을 회상해가면서
내세에서도 아름다웠던 나의 사랑이 이어지길
간절히 소원하고 있는
나의 사랑아

흰 국화꽃이 슬프도록 향기로운 것은

소복을 입은 흰 국화꽃들의 향기가
슬프도록 향기로운 것은
무서리로 내리는 슬픔을
순교하듯이 순결한 사랑으로 꽃피워
떠나가고 있는 임의 혼백의 향이
승천하도록
분향焚香하고 있기 때문일레라

귀가 가려울 때면

귀가 가려운 걸 보니
누가 나 없는데서 수군수군
험담을 하고 있는 것 같아
면봉으로 구석구석 험담을 후벼내며
혹시 수없이 떠돌고 있는 세상의 말 중에
나에 관한 말이 있는지 살펴본다

이따금씩 들려올 것 같은 세상의 풍문과도 같이
잔가지와 잎들이 팔랑팔랑 흔들리고 있는
창밖의 나무들을 비롯하여
소곤거리듯이 흔들리고 있는
꽃밭에 피어있는 꽃들의 꽃잎과
베란다 창가 틀에 앉아서는
미세한 바람을 털 듯이 깃을 털고 있는 비둘기처럼
게양대나 거리의 가로등에 걸려있는 깃발과 전봇줄이
한들한들 흔들리듯 흔들리고 있을 때면
나에 대해 세상이 수군수군 대고 있을 것만 같다가도

쉴 새 없이 귀가 가려워질 때면
왠지 태풍 몰아치듯 몰려올 것만 같은
나에 대한 험담

거리 두기

당신과 나의 사이가
자꾸만 소원해지는 것 같은 걸 보면
코로나19로 인하여
거리 두기가 일상화되어가는 것은 아닌지

사랑의 병균은 옮기면 옮길수록 좋다며
그러기에 가까울수록 한없이 좋다고 하더니만
코로나19가 유행하고 나서부터는
거리 두기를 금과옥조처럼 세뇌 당하였는지
거리가 가까우면 가까울수록
괜스레 큰 죄를 짓는 것만 같아
안녕한 척 안부만 묻는 요즘

식당을 가도, 카페를 가도, 패스트푸드점을 가도
거리 두기로 한 테이블 띄고 앉으라는 문구를 보며
이러다가 당신과 나 사이의 간격 없던 사랑도
습관적으로 간격을 띄는 것에
익숙해져 갈 것만 같아

우울함을 달랠 겸 술 한 잔을 마시러 가도
점점 혼술에 익숙해져가는 거리 두기

폐가

아무도 살지 않은지 아주 오래되었는지
그 집에 살았던 혼령들이
마치 무성한 잡초들로 우거져 있는 것 같은
곧 낡아 무너질 것만 같은 그 집 처마 밑에서
오로지 그네를 타고 있는 거미들만이
수화를 하고 있느라 바쁜
그 집 하늘 위를

황혼녘이면 예나 지금이나 변함없이
곱게 물들이고 있는 노을을
바라보고 있을 때면

곧 그 집이 무너져 없어진다 해도
그 집의 아름다웠던 내력은
노을처럼 그 집 하늘 위를
영원토록 곱게 물들이고 있을 것 같은
폐가

유년시절과 진달래꽃

온 산을 진달래꽃이 울긋불긋 물들일 때면
배고플 때마다 문둥이들이 진달래꽃을 따 먹으러 나온다고 해서
팔달산* 동굴 앞을 지날 때마다
걸음아 날 살려라 줄행랑치면서도
배고플 때마다 진달래꽃을 조심조심 따먹으며
팔달산 온 산을 진달래꽃처럼 뒤덮었었던
유년시절이
진달래꽃으로 피고 싶어 했던 문둥이들의 열망처럼
세월의 동굴에서 나와
산등성이를 타고 올라가며
팔달산 온 산을 뒤덮으며
활짝 피고 있는 진달래꽃

* 수원 중심지에 있는 산 이름

혁명의 심장

"그들은 머리를 겨누지만,
혁명은 심장에 있다는 걸 모른다"는 시를 쓴
미얀마 시인 〈켓 띠〉의 장기를
쿠데타를 일으킨 군인들이 다 드러낸 걸 보면
그들이 잔혹한 것만큼 두려움에 떨고 있다는 것을
세상 천하에 다 드러낸 것은 아닌지

그들이 잔혹하기 그지없는 독재의 총알을
난사하면 난사할수록
미얀마 국민들의 심장으로 옮겨가
뜨거운 태양의 맥박으로 뛰고 있는
시인 〈켓 띠〉의 살아있는 혁명의 심장이
전 세계 인류의 심장으로 전이되며
정의가 불같이 타오르고 있는
미얀마 민주 항쟁이여

오월의 어느 날

넝쿨장미들의 향기로운 향기가
울타리를 둘러싸고 있고
대문부터 집안으로 들어갈 수 있는 현관문까지
넝쿨장미들이 사열하고 있는
그 집 앞을 지날 때면

넝쿨장미들의 향기에 취해
울타리 밖에서 이제나 저제나
그 집에 살고 있는 장미의 여왕이
혹시나 현관문을 열고 나오지 않을는지
기웃기웃 대다
나도 어느 새 넝쿨장미가 되어버렸는지

오월의 금빛 찬란한 햇살을
그 집의 장미 여왕에게 바치기 위하여
그 집 울타리를 둘러싸고
넝쿨장미들의 향기로운 향기를
발산하고 있는 나의 사랑

천상의 꽃

비가 몇 번째 오는지도 모르게 지나가고
화창한 하늘이 꽃 이름을 바꿔가며
꽃을 피웠다가 지게 하기를
헤아릴 수 없을 정도로 지나가고 있는데도 불구하고
그 때나 지금이나 한결같이
그대를 그리워하느라 잔잔한 호수에 속눈썹 깜박이듯 일고 있는
나의 마음속의 파문을
부는 듯 마는 듯한 미세한 바람만큼이라도
그대는 알고 계시는지요?

그동안 수없이 하늘이 호수가 되고
호수가 하늘이 되는 동안
그대를 그리워하는 내 마음을
뿌리째 뽑아버리게 하려는지
눈보라와 폭우와 태풍으로
내 마음을 쉴 새 없이 휘몰아치게 하였어도

항상 내 마음속에서 천상의 꽃으로 피고 있는
그대의 향기를
목숨처럼 간직하고 있는 나의 마음을
그대는 알고 계시는지요?

아버지의 마음

우람한 나무들이 많은 산일수록
나무들이 늘 푸름을 안고 살아서인지
깊은 계곡에서 흘러내리고 있는 계곡물을 바라볼 때면
어찌도 그리 맑고 청량하기 그지없는지

흘러내리고 있는 계곡물 따라
첨벙첨벙 마음을 담궈가며 흘러가다 보면
점점 푸른 강과 드넓은 바다에 가 닿듯
아버지에 대한 그리움이
계곡물처럼 흘러흘러
절망의 수렁 속으로 내 마음이 침잠하려 할 때마다
내 마음속에 잠수하여
내 마음을 비단결같이 햇살이 반짝이고 있는
금빛 바다 위로 건져 올리시고는
내 마음이 푸른 하늘과 맞닿을 때까지
하늘과 맞닿은 푸른 수평선을 바라보게 하시던
아버지의 마음이
드넓은 대양大洋처럼 펼쳐지고 있는 내 마음속

사랑이라는 이름으로

넝쿨장미가 만발한 울타리를 따라 걷고 있는 여인은
향기로워라

가다가다 넝쿨장미가 되어 셀카를 찍고 있는 여인은
아름다워라

누가 넝쿨장미이고 누가 여인인지
넝쿨장미는 여인이 되고
여인은 넝쿨장미가 되어
사랑이라는 이름으로
울타리를 따라가며
영상의 메시지를 보내고 있는
여인의 사랑은
향기로워라

수평선을 바라볼 때면

하늘과 맞닿은 수평선을 바라볼 때면
하늘과 바다가 서로 양쪽에서
이승과 내세의 경계를 그어놓고는
그 경계 너머에서 태양을 뜨게도 하고 지게도 하듯이
나도 사후에 수평선 너머의 내세로 떠나가게 되면
혹시나 태양처럼 다시 부활하여
눈부시게 현세로 떠오를 수 있을 않을까 하는 마음으로
망망한 바다 끝의 수평선을
내세를 바라보듯 바라보다가는
언젠가는 하늘과 바다가 혹시나 서로 붙들고 있는 끈을 놓고는
눈부신 사랑의 폭포수로
현세와 내세를 사랑으로 합궁키 위하여
수평선 너머로 쏟아지지 않을까 하는 생각에
수평선을 바라보면서
그대와의 현세와 내세에서의 사랑의 끈을
수평선 너머로 놓아버리고 있는
황혼녘

깃발들이 미동을 않고 있는 날

게양대에 게양되어 있는 깃발들이
속눈썹을 떨고 있는 것인지
미동을 하고 있지 않은 것 같은 날이면
하늘이 청명하기 그지없듯
움직임을 감지할 수 없는 고요함이 적막한데

이따금씩 침묵을 깨듯이 날아가고 있는 새들의 날갯짓
소리처럼
 소리의 감촉이 사랑으로 와 닿기를 간절히 열망하고 있는
당신의 마음속을 환히 들여다보듯 알면서도
깃발들이 미동을 하지 않고 있는 듯이
사랑의 속눈썹을 깃발처럼 깜박이고 있는
청명하기 그지없는
나의 사랑

사랑의 향기

눈부신 햇살과
만발한 장미꽃들이
밀애를 즐기고 있는지

햇살은 넝쿨장미꽃들의 향기처럼
향기롭게 반짝이고 있고
넝쿨장미꽃들은 햇살처럼 눈부시게
꽃잎을 반짝이고 있는데

그녀도 사랑의 밀월을 즐기고 있는지
함박 웃을 때면
눈부신 햇살이 되기도 하고
만발한 넝쿨장미꽃으로 피기도 하는 그녀를

넋을 잃듯이
바라보고 있을 때면

내 마음속에서도
눈부신 햇살이 되어
만발한 넝쿨장미꽃으로 피고 있는
그녀의 사랑의 향기

세월

늙어갈수록 세월도
백발이 되어가는 것 같다

젊을 때는 세월이 녹음처럼
짙푸르기 그지없더니
늙어갈수록 세월이 하얀 연기가 되어
하늘로 올라가는 것 같다

연화장* 굴뚝에서 하늘로 오르고 있는 하얀 연기들이
하얀 새가 되어
하늘을 향해 훠이훠이 날갯짓하며
하늘로 오르고 있는 것처럼

늙어갈수록 하얀 연기가 되어가는 세월들이
하얀 새가 되어
연화장 굴뚝을 타고 하늘로 날아오를
준비를 하고 있는 것 같다

*수원시에 있는 화장터

4부

불굴의 미얀마 국민들이여

지금 이 시각에도
미얀마 국민들은 군인들이 정 조준하여 쏘는 총에
맞아 죽고 있거나
무자비한 고문과 폭압에 몰살당하고 있는데도 불구하고
미얀마 시인 〈캣 띠〉의 시가
미얀마 국민들의 심장에 살아있는
불굴의 항거가 되어
인권과 민주를 위해서라면
반군에 합류하여 총을 높이 든
2013년 미스그랜드 인터내셔널 미스 미얀마 대표 〈타 텟 텟〉와
"미얀마 위해 기도를"이란 팻말을 전 세계에 펼쳐 보이며
피눈물 어린 호소를 하고 있는
2021년 미스 미얀마 대표 〈투자 윈 린〉처럼

어떠한 죽음의 공포도 두려워하지 않고
억압에 항거하고 있는
불굴의 미얀마 국민들이여

달의 집으로 가는 길

어두운 밤마다
잊지 않고 환한 얼굴로 반갑게 찾아주는
달을 보고 있노라면
달의 집은 어떤 분위기로 꾸며져 있으며
어떤 가훈 아래서 살고 있길래
내가 어둠을 힘들어 할 때마다
환한 등불 같은 얼굴로 마중 나오셨던
어머니의 얼굴이 떠올라

그럴 때마다 달을 바라보고 있으면
내가 걸어가야 할 길의 어둠이 사라지면서
어머니에게 다가가듯이
내 마음 안에서 환하게 열리고 있는
달의 집으로 가는 길

연꽃에 불을 밝히고 있는 석가

사월 초파일이 다가오면
연꽃들이 그동안 보이지 않았던 마음속을 훤히 보이도록
불을 밝힌다

그동안 욕망과 번뇌의 진흙 수렁에 빠져
보이지 않았던 마음속을 깨끗이 닦아내며
마음을 비워내면
연꽃에 불을 밝히고 있는 석가가
그 비운 마음속이 환하도록
내 마음속에 연꽃불을 밝힌다

동백나무와 사랑초

동백나무 화분에 날아온 사랑초 꽃씨를
화분 둘레를 둘러싸고
무성토록 잘 자라게 하고 있는 동백나무가
삭풍 같은 눈보라가 몰아치면 겨울이면
마치 사랑을 순교하듯이
아름다운 동백꽃을 피우고는
찜통 같은 무더위가 기승을 부리는 여름에는
사랑초 꽃들이 맑은 이슬을 꽃피우듯
사랑을 하게 청초한 꽃을 피울 수 있게 하고 있는 걸 보면

흡사 사랑으로 백년해로를 언약한
아내와 나와 같다는 생각이 들어
살아오면서 겨울 같은 세월이었을 때
과연 사랑을 순교하듯이 아내를 사랑하였었는지
청초한 사랑초꽃 향내를 뼛속 깊이 들이마시며
나 자신을 돌아보고 있는
아내와의 사랑의 언약

비가 오는 밤이면

비가 오는 밤이면
밤새 천둥 번개 같은 악몽을 꾸게 하거나
보슬보슬 자장가를 불러주듯
길몽을 꿈꾸게 하는 걸 보면
비가 내리듯이 잠이 오는 것만 같아

비가 오는 밤이면
싱그러운 푸른 풀잎과 꽃잎을 촉촉이 적시듯이
꿀잠을 잘 수 있도록
보슬보슬 보슬비 내리듯이
읊조려보는
어머니의 자장가

얄궂은 비

하루가 멀다 하고 비가 자주 오는 걸 보면
아무래도 하늘이 감정을 추스르지 못하고 있는 것만 같아
혹시 겨우내 살을 에는 듯한 한파를 이겨내며
간절하게 봄을 기다렸던 꽃나무들이
찬란하도록 눈부신 꽃들을 만개하자마자
애꿎게도 기다렸다는 듯이
꽃잎들을 우수수 낙화해 버리지는 않을는지
걱정 어린 눈으로 꽃나무들을 바라보는 봄날

눈치 채지 못한 꽃나무들은
저마다 봄을 만개하기 바쁜데
아니나 다를까
꽃이 만개하기만을 기다렸다는 듯이
얄궂게도 또 비를 쏟아 붓고 있는 하늘

월력月曆을 떼어내며

매달 마지막 날이면
지나가는 월력을 떼어내며
한 달을 잘 보낼 수 있게 해준 것에 대해
하나님께 감사드린다

새 달을 맞이할 때마다
새 월력에 표시해 놓은 집안의 경조사나
병원 진료 예약 날을 살펴보면서
진료 예약 날이 너무도 많이 표시되어 있는 달을 맞이할 때면
마치 판결을 받으러 가듯 우울해진다

감사한 마음과 우울한 마음이 교차하며 살고 있는 요즘
로봇이 부러워진다

부위가 망가지면 새 것으로 갈아 끼우는 로봇처럼
병든 내 몸의 부위를
건강한 새 부위로 갈아 끼울 수는 없는 것일까

지나가는 월력을 떼어내듯
살아오는 동안 떼어낸 나의 세월만큼
내 몸의 성한 부위도 줄어들었나보다

눈물의 가뭄

지층 깊은 곳에서 솟아나오고 있는
뜨거운 온천물 같았던
내 마음 깊은 곳에서 솟아 올라오던
뜨거운 눈물은
왜 요즘 나올 줄을 모르고 있는지

살아갈수록 뜨거운 눈물이 나올 줄을 모르고 있는 걸 보면
그동안 냉탕 온탕의 삶을
수없이 반복하며 살아오면서
눈물을 다 쏟아버려
가뭄이 들어 버린 것은 아닌지

뜨거운 온천물에 몸을 담그면
쌓였던 몸의 피로가 말끔히 풀리는 것처럼
뜨거운 눈물을 감동처럼 쏟고 나면
마음이 상쾌한 날씨처럼 개운해지곤 하였었는데
눈물이 다 메말라버린 걸 보면
감정도 가뭄이 들어버린 것만 같아

그동안 살아오면서 있었던 뜨거운 감동의 순간들을
뜨거운 감동의 온천탕에 푹 잠길 때까지
담고 있는 나의 마음

무릉도원을 꿈꾸는 하늘

지상에선 봄이 되어야만
복사꽃이 만발하는데 비해
하늘은 사시사철
무릉도원을 꿈꾸고 있는지

해가 질 때마다
서녘 하늘을 고운 복사꽃이 만발한
과수원으로 물들이고 있는 걸 보면
하늘은 어둠 속에 묻히기 전
영겁의 무릉도원을 꿈꾸도록
복사꽃을 피워 주는 것만 같아

복사꽃이 만발한 서녘 하늘을 바라볼 때면
황혼의 세월을 살고 있는 나도
어둠 속으로 넘어가고 있는 나의 세월들을
하늘처럼 복사꽃으로 물들일 수 있을지

서녘하늘을 바라보며
복사꽃으로 물들이고 있는
나의 황혼

사랑꽃

병마와 사투하고 있는 아내의 손을 잡을 때면
아내의 따뜻한 체온이
뜨거운 눈물이 되어
내 마음속을 타고 흐른다

살아있다는 것이 그렇게도 고마울 수가 없는
아내의 따뜻한 체온

몸을 가누지 못한다 할지라도
따뜻한 숨만이라도
내가 살아있는 동안 쉬어준다면
이보다 더 큰 바람이 어디 있으랴

아내가 따뜻한 숨을 내쉴 때면
내 목숨을 던져서라도 꽃피우고 싶은
뜨거운 눈물의 사랑꽃

사랑의 우산

그대가 슬퍼할 때면
그대가 슬픔으로 마음이 흠뻑 젖지 않도록
그대에게 사랑의 우산을 씌워주려
목숨 걸 듯이 달려가리

그대의 사랑이 슬픔에 흠뻑 젖어
주저앉지 않도록
그대가 슬퍼할 때면
이 한 목숨 다 바치듯이 그대에게 달려가
사랑의 우산을 씌워주리

바다의 생각

바다가 무슨 생각에 잠겨있는지
한없이 잔잔하다

바다의 생각이 깊어갈수록
반짝이는 윤슬

수평선 너머까지 생각에 잠겨있는
바다를 바라볼 때면
무인도 같았던 내 마음 속의 생각도
윤슬처럼 반짝인다

그대가 떠나간 후

그대가 떠나간 후
망망대해를 바라볼 때마다
그리움이 윤슬처럼
반짝이다가는

어두운 밤이 되면
무인도섬이 된 외로움이
파도처럼 밀려와

독수공방이 된 내 사랑을
쉴 새 없이 덮쳤다

시의 그물을 던져라

예수님이 베드로에게
바다 깊은 곳으로 배를 몰고 가
그물을 던지라고 하니
그물이 찢어질 정도로 고기가 많이 잡힌 것같이
나에게는 인생의 깊은 곳에
시의 그물을 던져
시어詩語를 낚는 시인이 되라고 하신 것은 아닌지
생각하다가도

번번이 시의 그물을 가득 채우지 못하고 있는
나의 시의 그물을 보게 될 때면

평생을 시업詩業에 목숨을 걸다시피 살아왔으면서도
아직도 예수님의 깊은 뜻을 알아차리지 못하고
얕은 곳에만 시의 그물을 던지면서
살아온 것만 같아

쉼 없이 예수님의 깊은 뜻을 헤아려가며
인생의 깊은 곳으로 배를 몰고 가
투망하고 있는 나의 시의 그물

은빛날개

은빛을 반짝이고 있는 설원에서
바람이 불 때마다 나래 젓고 있는
천사의 날개처럼

눈사람이 될 때까지
함박눈을 온몸이 덮이도록 맞는다면
나도 천사의 날개를 달 수 있을는지

반짝반짝 은빛 날개를 나래 젓고 있는
백설을 바라보고 있노라면
내 마음속에서도
마음속이 순결해지도록
나래 젓고 있는 은빛날개

5부

사라진 내일

언젠가부터인지 모르지만
나에게 내일은 없어졌다

포퓰리즘을 앞세운 정치인들의 말잔치로
마을 사람들이 공동으로 마시던
우물의 물이 오염되어 버렸다

유튜브를 비롯한 문자 폭탄과 악성 댓글이
방사능에 오염된 물을 마시게 하는지
선한 생선들만 애꿎게 죽어 나가
이제 더 이상 팔딱팔딱 뛰는
싱싱한 인생의 회 맛을 맛보긴
불가능할 것만 같다

무슨 재미로 살아야 할지
무슨 희망을 걸고 살아야 할지

아무래도 내일을 포기하지 않으면
오늘마저도 주어진 숨을 쉬기가
어려울 것만 같아

하루살이가 되어
목숨을 다하듯이 살고 있는
오늘

넝쿨장미꽃 울타리

오월이 오면
이웃과의 경계의 담장을
넝쿨장미꽃들이 둘러싸고 꽃 피워가며
울타리로 만들어 가듯이

너와 나 사이를 가로막고 있는 마음의 담장을
만발한 넝쿨장미꽃들의 향기로운 향 같은 미소로
둘러싸가며 꽃 피워가고 있는 오월

푸른 풀밭을 볼 때마다

푸른 풀밭을 볼 때마다
앉아 쉬거나 눕고 싶다는 생각이 드는 것은

어머니가 누워 계신
산소의 봉분 위에서 자라고 있는 푸른 잔디들이
마치 어머니가 숨을 쉬듯 자라고 있는 것만 같아

푸른 풀밭에 앉아 쉬거나 누울 때면
어머니의 품 안에 안겨
영원히 잠들어도 좋을
어머니의 숨소리를 듣고 있는 것만 같은 풀밭

초원을 바라보며

푸름이 평원을 이루고 있는 초원에서
바람결이 풀잎들이 피부를 스치듯이
살랑살랑 잎을 흔들 때면
마치 초록의 푸른 물결이
잔잔하게 숨결을 고르고 있는 바다와도 같다는 생각이 들어
초록 풀잎들이 물결쳐가고 있는 지평선을
수평선을 바라보듯 바라보고 있노라면
그동안 이 세상을 살면서 꾸었었던 꿈들이
잔잔하게 물결쳐 흘러가고 있는 것만 같아
하루가 저물어 갈 때마다
중천에 눈부시게 떴던 해가 수평선을 곱게 물들이며
수평선 너머로 넘어가듯이
생명이 저물어가고 있는 나도
살아 온 세월을 곱게 물들이며
지평선 너머로 넘어갈 수 있을는지

수평선을 바라보듯
나의 지난 세월들을
지긋이 바라보고 있는 지평선

한여름 밤

여치를 비롯한 풀벌레들이
밤새 음악회를 열고 있는 풀숲으로
별똥별이 연주를 듣기 위해 내려오거나
더위를 식히기 위해
실로폰을 치듯 맑게 흐르고 있는 실개천으로
내려오는 한여름 밤이면

음악회가 열리고 있는 풀숲으로 달려가
별똥별과 관객이 되어
연주를 감상하거나
실개천으로 달려간 마음을
반짝반짝 빛나는 별빛이 될 때까지
밤이 새도록 밤을 닦아가며
은하수로 흐르게 하고 있는
나의 한여름 밤

철에 맞게 사는 나무들같이

사철나무나 소나무같이
사시사철 낙엽 지는 일 없이
잎이 늘 푸른 것보다는

봄이 오면 새 잎이 돋아나고
여름이 오면 무성하리만치 잎이 녹음지고
가을이 오면 울긋불긋 단풍으로 물들다가
낙엽 되어 잎을 다 떨궈버리고
겨울이 오면 발가벗은 나목이 되어
혹독한 한파에 시달려보기도 하는

사철을 철에 맞게 몸으로 살고 있는 나무들같이
소년, 청년, 장년, 노년의 삶을
철에 맞게 살아왔는지
그동안 살아온 봄 여름 가을을 점검해가며
나목이 될 때까지
물욕을 다 떨궈버리고 있는
나의 겨울

재고在庫의 시詩들

노점에서 힘겨운 삶을 팔고 있는 노점 상인들을 볼 때면
밥 한 그릇 술 한 잔도 안 되는 시를
평생 목숨처럼 붙들고 살아온 내가
부끄러워질 때가 많다

짐을 풀지 못한 채로
세월의 창고에 가득 쌓여있는
재고在庫의 시들을 볼 때
그동안 현실을 담지 못한 시들만
목숨처럼 붙들고 살아오느라
먹고 사는 일엔
무능하기 짝이 없었던 건 아니었었는지

먹을 수도 없는 시 나부랭이를 사갈 사람 없겠지만
노점 상인들처럼 노점에 풀어놓고
떨이 떨이 소리치며 팔든가
덤을 듬뿍듬뿍 얹어주면서 판다면
재고떨이를 할 수 있을는지

거저 준다 해도
가져가지 않을 것만 같은
세상 빛을 보지 못한 재고在庫의
나의 시들

여름이 오면

여름이 오면 사람들 마음속이
깊은 계곡이 되기도 하고
드넓은 푸른 바다가 되기도 하는 걸 보면
무더운 여름을 시원하게 식혀주는
계곡이나 바다를
마음속 가득 담아 와서 그런 것이 아닌지

깊은 계곡에 갔다 온 사람들을 만나면
속이 깊어진 마음속에서
찰찰찰 흐르고 있는 계곡물 소리가 들려오는 것 같고
드넓은 푸른 바다에 갔다 온 사람들을 만나면
한껏 여유로워진 마음속에서
드넓은 푸른 바다를 보는 것 같은 여름

꽃나무처럼

최상의 아름다운 꽃과 향기를
세상천지에 다 내준 후에는
무성하리만치 녹음 우거진 잎으로
세상을 푸른 천국으로 만들어주고 있는
꽃나무들을 볼 때면

꽃나무처럼 세상을 살고 싶다는 마음이
간절하도록 몸을 달아오르게 하여
앞으로 살아가야 할 길 고루고루
꽃나무를 식목하고 있는 내 마음

카리브해 1

카리브해는
바닷물이
사파이어 원석이다

태양의 광채가
사파이어 원석 중앙에서
찬란하게 빛날 때면

카리브해는
세공이 필요 없는
자연 그대로의 아름다움의 진수를 보여주는
이 지상 최대의 사파이어 보석이 된다

카리브해 2

카리브해에서 유영하고 있는 그녀를 보면
이 세상에서 가장 아름다운 인어가
카리브해에 나타난 것만 같다

그녀의 몸 전신으로
에메랄드 물빛 비늘이
눈부신 햇살로 반짝일 때면

카리브해는
이 세상에서 가장 아름다운 사랑으로
사랑하며 살다 잠들고 싶은
유토피아가 된다

임대계약서

이 세상에 사는 동안
땅은 평생 소유할 수 없는
임대로 살 수뿐이 없는 거처인가보다

이 세상을 사는 동안
요지나 넓은 땅을 차지하며 산다고 하더라도
사는 동안 비싼 세금을 내며 살다가
이 세상을 떠날 때는 빈손으로 떠나야 하고
사후死後 내가 마련해놓은 무덤에 묻힌다 할지라도
소유했던 시간들이 소멸되는 것처럼
썩어 흙이 되어버리는 것을 보면

이 세상을 살면서 소유했던 모든 것들이
결국은 흙으로 세상에 돌려주어야만 하는
임대였던 것을
왜 사람들은 사생결단하듯이
한 평이라도 더 소유하기 위하여
이 세상을 살고 있는지

무덤들이 흙으로 돌아가며
무언으로 보여주고 있는
임대계약서

아내와의 달달한 사랑으로

달콤함과 결별해야 한다며
시시각각 당뇨병이 명령을 내릴 때면
그때마다 마치 생生의 최후의 순간을 맞이한 듯이
달달한 사랑으로 아내를 사랑하게 된 것은
당뇨합병증으로 인하여
신체의 기능들이 줄어들 때마다
오히려 내 마음속의 사랑의 기능은
아내를 사랑하는 달달한 사랑으로
채워져 가고 있는 것만 같아

이 세상을 떠날 때가 되면
내 몸 안의 모든 신체기능들이
아내를 사랑하는 나의 달달한 사랑으로 꽉 채워져
떠날 수 있길

당뇨합병증이 심해질수록
점점 줄어들고 있는 신체의 기능들을

이 세상에서의 마지막 사랑인 듯한
아내를 사랑하는 마음으로
꽉 꽉 채워가고 있는
나의 달달한 사랑

무릇

무릇, 죽고 사는 것이
그대를 사랑하여야만 하는 숙명의 불이문不二門이기에
목숨을 다하여 그대를 사랑하였더니
생사生死의 불이문不二門을 나선 사랑이
생명의 꽃으로 활짝 피었구나

그대를 사랑하지 않고는 살 수 없는 사랑이
숙명의 불이문不二門을 나서며
생사生死가 불사不死의 사랑의 꽃으로
활짝 피었구나

박효석 35시집

살아있는 불

인 쇄 2025년 4월 16일
발 행 2025년 4월 18일

지은이 박효석
발행인 서정환
펴낸곳 신아출판사
주 소 전라북도 전주시 완산구 공북1길 16
전 화 (063) 275-4000
팩 스 (063) 274-3131
이메일 sina321@daum.net
출판등록 제465-1984-000004호
인쇄 · 제본 신아문예사

저작권자 ⓒ 2025, 박효석
이 책의 저작권은 저자에게 있습니다.
서면에 의한 저자의 허락없이 내용의 일부를 인용하거나 발췌하는 것을 금합니다.

ISBN 979-11-94595-46-5   03810
값 12,000원